# À paraître

## Des voyages élémentaires
Volonté d'évolution # 2

## Des relations élémentaires
Volonté d'évolution # 3

Ce livret est adressable dans sa version imprimée et numérique.
Nous vous invitons à contacter directement
jf.maffre@orange.fr - 07 89 52 56 20


Conception graphique : YAPAK.
Imprimé à Toulouse, le 24 mai 2020 à 9h40
sur du papier issu de forêts gérées durablement
par Indika - Imprim'Vert – ISO 14001

Aux femmes et aux hommes qui nourrissent
nos vies d'amour, d'humour et de sens.
Ma famille ainsi que celle de cœur et d'âme,
en tout premier lieu.

Aux personnes qui ont initié ce livret,
choisi ces poèmes parmi d'autres et traduit
en 28 langues du monde :

vietnamien, zoulou, catalan, espagnol, émoji,
libanais, italien, javanais, latin, russe, anglais,
portugais, japonais, hindi, espéranto,
amharique, mandarin, hébreu, occitan,
basque, akkadien, vieil-anglais, bantou,
créole, allemand, grec, elfique, norvégien.

**Preuves de porosité,
de socialité et d'unicité.**

De vers en univers,
de notions en tension,
d'ouvertures en aventure.


# Des voyages
# élémentaires


Découvrir l'essentiel.
Déployer sa réalisation.
Exister consciemment.

# TABLE

## Tercet

Faux sens dessus
dessous.
Vrai concentré de sens.
Un univers en soi.

# Univers

Portique poétique
au-delà des croyances.
Euphonie colorée.

# Langues

du monde dans ce livret.
Esthétique multiple.
Humanité unique.

*Homoj en ĉi tiu libreto.*
*Multobla estetiko.*
*Unika homaro.*

ከየትኛውም ቦታ ግራ
አሁንም እዚያው በደህና፡፡
ንጹህ በአጋጣሚ ወይም በጭራሽ

## Birth

Starts from nothing.
Yet, exactly where it should be.
Purely coincidence or not.


*Parti de nulle part.*
*Pourtant là, à bon port.*
*Pure coïncidence ou pas.*

# Foi

Dépouillée des croyances.
Source de bons et rebonds.
Essence même de l'humain.

*Balios denentzat.*
*Zu(hu)rren gomendio.*
*Mezu honen hari.*

## L'énigme

Utile à tous les âges.
Prônée par les grands sages.
Fil rouge du message.

*Adin guztientzako erabilgarria*
*Sage handiek efendatuta*
*Mezuaren hari gorria.*

## Transformation

Telléité du fait.
Résonance du réel.
Esthétique d'un soi.

*Mixë anfinwa.*
*Mil lelya vanessë.*
*Milmë artulca.*

## Confiance

En soi si délicate.
En toi beauté fragile.
En nous, plus forte que Tout.

# Soi

Le moi comme compagnon.
Nous en catalyseur.
La conscience aux aguets.

*Felice, dolorosa*
*Impermeabile. Sempre.*
*Sorgente di evoluzione.*

## Émotion

Heureuse, douloureuse,
impermanente. Toujours.
Source d'évolutions.

*Счастливая, болезненная*
*Непостоянная. Всегда*
*Ключ к развитию.*

# Abandon

Très au-delà du don,
l'infini se profile.
L'inconnu bouleverse.

# Altérité

Justesse, justice.
Entre-soi, entre-deux.
L'éloge du nous.

# Bonne humeur

Un chemin sans fin
éclairé par des joies,
vives, rares et – cultivables.

*Is suffering relative and do*
*we all feel the same way?*
*When is suffering forced upon us,*
*is it felt more severely?*
*When we think about the mystery of life,*
*how do we find the strength*
*to face difficulties and how do we find*
*the meaning and essence of life?*

.إن مشاعر الإ+سان سواء 0انت سع4دة أو مؤلمة ف> وقت4ة و زائلة
منبع تطورنا؟ أم أن هناك مصدر أخر؟ G هل مشاعرنا

*Относительно, навязано.*
*Тайна жизни*
*где найти силы и смысл.*

# Ubuntu

Tikumanenso
fraternal. Kuzindikira
wa chilengedwe chonse.

*Reconquête du nous
fraternel. Conscience
d'un soi universel,*

# Remise en question

Casser le noyau dur.
Celui des certitudes.
Pourquoi ne pas oser ?

# Procrastination

Fable des temps modernes.
Mécanique psychique
troublée. Chercher Charlie.

# Gentillesse

Le sel, le saut. Le suc
de la vie. Forcément.
Solution scénique.

# Ici-là

Tout est présent en soi.
Du pire au meilleur.
Du calme à la fureur.

# Sens

Quête sans absolu.
Trouvaille géniale.
Exhausteur d'essentiel.

# Empathie

Se placer à la place.
Ressentir comme si,
sans jamais prendre la place.

# Humilité

De l'humus à l'humeur.
Même. Vitalité,
intégrité de l'Être.

## Patience

Soulève le voile du su.
Vue imprenable sur soi,
du non-su à son insu.

# Calme

Intérieur. Sentiment,
non-recherché, saisi.
Le courage d'être soi.

*Introspecció. Ser
el no-ésser, la riquesa
d'estar en un mateix.*

# Silence

Paix intérieure.
Vertu existentielle.
Croissance spirituelle.

*Handseald ǽġhwám.*
*Cýme ælf fús*
*Þæt sóþ tó ámasienne.*

## Gaieté

Réservée à chacun.
Jolie fée disposée
à surprendre le réel.

*On pil l'idé ka dansé*
*Com plim a dan ven là*
*ka navigué jen yo vlé.*

## Créativité

Drôle de farandole
des idées qui s'envolent.
Périple sans boussole.

*Curiosa estampa*
*Neuronas al aire.*
*Camino sin trazar.*

# Complicité

Divinité solaire.
Être dans son entièreté.
Efflorescence du Nous.

## La solution

De nombreux univers.
Des questions, des notions.
Pourquoi ? Foi en soi.

*Fiduciam in aliis.*
*Universum ecclesialibus consociationibus.*
*Nos toto impetu value.*


एक-दूसरे पर भरोसा कर,।
जुड़े 1ए 23ंड।
हमारी ताकत, पूरे मू.।


*Fisança en l'autre.*
*Univèrs religats.*
*Fòrça del nosautres, valor del Tot.*


## Foi en soi

Confiance en l'autre.
Univers reliés.
Force du nous, valeur du Tout.


*Εμπιστευθείτε ο ένας τον άλλον.*
*Συνδεδεμένοι σύμπαντες.*
*Δύναμη μας, αξία ολόκληρου.*


*Saling percados.*
*Nyambungake universal.*
*Kekuwatan kita, regane Whole.*


*Sithembane.*
*Izindawo ezixhumekile.*
*Amandla kithina, ukubaluleka kwako konke.*

رهينة اللغة
عجز الفعل
انحراف الجميل

## Salam et Shalom
Otage du langage.
Impuissance du verbe.
Perversité du beau.


עוובה של שפה
אימפוטנציה של הפועל
סטייה של היפה

*Šammu niqitti*
*Ša awîlûti dalpûtim*
*Šâmiḫ, ṣîru*

## Curiosité

Fontaine de Jouvence
des âmes éveillées.
Expansive, miraculeuse.

为宽恕让路。
忘记时间了。
建立友谊。 无
条件的喜悦。

## Amitié

Place au pardon. Oubli
du temps. Faire l'amitié.
Une joie sans condition.


Tạo ra nhiều sự tha thứ hơn nữa
Quên đi thời gian
để có những niềm vui vô điều kiện.

## Santé

Le mouvement inspire.
Le souffle soulage.
L'alimentation sauve.

*Movement inspires.*
*Breath relieves.*
*Nourishment salvages.*

## Marche

Effluves du vent. Air du temps.
Choix du pas. Peu à peu.
Clés des songes. Voies nouvelles.

# Sérénité

Expansion des sens.
Complétude de l'être.
Instant de conscience.

# Fluidité

Être au courant de la vie.
Dire et agir au mieux.
Sentiment du juste.

# Habitude

Certitude trompeuse.
Nouveau chemin. L'éveil
à la vie, à sa vie.

# Sensibilité

Nudité de l'être.
Stigmates invisibles.
Signifiances secrètes.

*Nacktheit des Wesens.*
*unsichtbare Wunden.*
*geheime Bedeutungen.*

Tin tưởng những điều dường như không thể
Tạo nên sự phối hợp hành động
Gia tăng hoặc nâng cao sự huy vọng


## Espérance

Avoir confiance en l'impossible.
Passer à l'action
concertée. S'élever.


*Ter confiança no impossivel.*
*Passar à acção.*
*Combinada. Erguer-se.*


充满希望
相信不可能的事。
采取一致行动。
上升

# Doute

Salutaire compagnon.
Juste pour se connaître.
Habile pour décider.

## Méditation

D'ici et de là-bas.
D'ailleurs et de toujours.
L'attention est au cœur.

# Eau

Bleu du fond des yeux.
Blancheur immaculée.
Évanescence même.

对当下的觉悟
透视的目光
对未来的信心

## Sagesse

Conscience d'un présent.
Vision pénétrante.
Confiance en l'avenir.

# Natation

D'une rive à l'autre,
le souffle, le geste, la glisse.
Perpétuel entre deux.

# Famille

Amour en héritage.
Élan sans partage.
Des raisons qui engagent.

# Intention

Pouvoir de la conscience.
Justesse de l'action.
Courage des conséquences.

# Méchanceté

Inconscience volontaire.
Conscience éveillée.
Décision humaine.

# Bonheur

Fausse route. Impasse.
Voie inédite : le sens.
Odyssée quotidienne.


*Riktig vei, bak veggene.*
*Ny spor, til meningen.*
*Endelig målet, i bølgenes hul.*

## Être

Aimé.e, aimant, amour.
Volontaire, vrai.e, vivant.
Cool, calme, chic, conscient.e.

愛 愛する 愛する人
奉仕 真実 生きる
幸せ 全ての 認識

# Audace

Fontaine de surprises.
Essais, erreurs, réussites.
Voie d'évolution.

# Pardon

L'émotion au cœur.
L'esprit de la raison
offre la paix intérieure.

# Paix

Oublieuse la Faucheuse.
Force résiliente,
intime, universelle.

*It is imperative that we have a personal goal
or motivation for life.
This goal is achievable when we have access
to endless resources and ideas.*

## Essentiel

Raison de vivre, intime,
connaissable, accessible.
Inépuisable ressource.


*Главное
Смысл жизни
Познаваемое, досягаемое
Неисчерпаемый ресурс.*

# Ensemble

Cocréation.
Coopération.
Coévolution.

# Âme

Présence à l'infini.
Reliances indicibles.
Murmure aux êtres sensibles.

# Accompagnement

D'une volonté à l'autre ;
coopération.
Potentiel révélé.

# Différence

Camaïeu de couleurs.
Vertige des profondeurs.
Convergence des valeurs.

# Voyages

Intérieur, extérieur.
Terrestre, céleste.
Expériences vitales.

## Élémentaires

Fission d'essentiel.
Particules de joie.
Éclat du changement.